Willi Rummelsberger

REIM DICH

ODER

ICH FRESS

DICH

Gedichte und Reime

Wenn man glücklich ist,

soll man nicht

noch glücklicher

sein wollen.

(Theodor Fontane)

Herstellung und Verlag:
Books on Demand GmbH, Norderstedt
ISBN 978-3-8391-3866-3

Inhalt

Seite

Geschichte und unnütze Gedichte

Liebe, Gefühle und Triebe

Wie das Leben so spielt

Besondere Anlässe

Es gibt Glückspilze,

die fallen zwar auf die Nase,

aber sie finden dabei

noch etwas...

Die Genesis

oder...

Der blaue

Diamant

Man schaue in die Bibel:
Am Anfang war das Wort!
Geschickt nennt diese Fibel
nicht Zeit und auch nicht Ort.
Und um das Wort zu binden –
man nennt's Philosophie –
die Wissenschaften finden
die Urknalltheorie!
Ob Knall, ob Wort, ob Singen:
Am Anfang war ein Ton!
Er wird Entstehung bringen
und eilt ins All davon...

Danach, so schrieb uns Moses,
war alles wüst und leer.
Es fehlte was Famoses –
die Schöpfung musste her!
So schuf der große Genius
Planeten, Sterne, Licht.
Und zwischen Mars und Venus
die Erde, das war Pflicht!
Seit dem – mit viel Gefachse –
dreht sie sich ewig rund,
recht munter um die Achse –
und ist noch gar nicht bunt...

Ein Gas- und Steingemansche,
es raucht und stinkt und zischt.
Der Herr zieht eine Flansche:
„Nein, das gefällt mir nicht!"
So greift er ein entschlossen,
trennt Wasser, Land und Luft.
Er wuselt unverdrossen –
und aus Gestank... wird Duft!
„Damit ich dich auch finde
im Kosmos sehr genau:
So glänze denn wie Tinte –
von nun an schimmre blau!"

Der Schöpfer sah die Sterne,
sie rasten durch den Raum.
Er blickte in die Ferne –
da war kein Rand, kein Saum!
„So fliegt dahin Galaxen,
kein Weg ist mir zu weit.
Und hört nie auf zu wachsen,
wir haben Raum und Zeit!"
Dann blickte er zur Erde,
sein blauer Diamant:
„Auf diesem Globus werde
das Leben – und Verstand!"

So völlig ohne Pläne
hat er sich hingestellt
und setzte uns in Szene,
am Zeichenbrett der Welt.
Er schuf im Meer das Leben,
ganz einfach noch – und zart.
Aus Elementen eben –
so ist des Schöpfers Art!
„Nun wachse und gedeihe
und bleib mir schön gesund!"
Es gab zwar kein Geschreie,
doch fortan ging es rund...

Das Leben, neu entstanden –
im Meer, da war nun Zoff!
Die kleinen Laboranten,
sie schaffen Sauerstoff.
Pflänzchen, ziemlich nüchtern,
klettern schon an Land.
Am Anfang noch recht schüchtern –
bald außer Rand und Band!
Die Sonne schafft Synthese,
sie hilft der Flora auf.
Und schon beginnt die Lese:
Entwicklungslebenslauf...

Der Flora folgt die Fauna,–
des Lebens Elixier.
Im Kambrium herrscht Sauna,
genial für das Getier!
So rinnen denn die Zeiten,
was ist schon ne Million?
Natürlich gab's auch Pleiten,
besonders im Devon:
Hier gab's ein großes Sterben,
rafft alles fast dahin.
Das Werk scheint zu verderben,
doch wird's ein Neubeginn.

„Das ging ja fast daneben!
Es fehlte ne Nuance.
An alle die noch leben:
Ihr kriegt ne zweite Chance!"
Der Schöpfer scheint zu hexen,
nichts ist ihm gut genug.
Es folgt die Welt der Echsen,
der Saurier Siegeszug!
Sie herrschen ohne Grenzen
und werden riesengroß.
Kaum Hirn – mit langen Schwänzen,
noch heute grandios!

Hunderte Millionen
Jahre nun vergehen.
Ohne Mensch und klonen,
die Arten so entstehen.
Doch nichts in Gottes Reichen
besteht in Ewigkeit!
Die Saurier müssen weichen,
vorbei die Kreidezeit!
Wahrscheinlich kam von oben
das Ende ihrer Welt.
Wir können dies nur loben,
denn nun sind wir bestellt!

Was säugt und denkt auf Erden,
was Warmblut ist und nagt –
so soll die Zukunft werden,
denn Hirn ist nun gefragt!
Die Lebende gebären,
Plazentatiere halt,
sie werden sich bewähren
in Wüste, Steppe, Wald!
Die Säuger nehmen zügig
die Herrscherrolle auf.
Des Schöpfers Wille, gütig,
nimmt wieder seinen Lauf!

Bis das der Clou vollendet,
bedingt durch Gottes Arm,
hat er viel Schweiß verschwendet.
„Oh Mann, was ist mir warm!"
„Ich sollte daran denken:
Den Tieren wird's zu heiß.
Drum werd' ich euch was schenken!"
So schuf der Herr das Eis!
Zunächst nur an den Polen,
das war noch recht gescheit.
Doch langsam und verstohlen
macht es sich mächtig breit!

Wir gaben diesen Dramen –
die Wissenschaft ist fies –
dann später auch noch Namen:
Günz, Mindel, Würm und Ries!
Das Eis geht in Etappen
mal vor und mal zurück.
Nun muss man wohl berappen
für Jahrmillionen Glück!
Derweil in warmen Landen
ein neues Tier entstand:
Es läuft nur auf zwei Quanten,
geht aufrecht – hat Verstand…

So schnell wie ein Gewitter
macht sich das Zweibein breit.
Schafft Waffen sich und Flitter,
es ist halt recht gescheit!
Das Wesen auf zwei Beinen
nimmt von der Welt Besitz.
Was nun folgt, ist zum Weinen,
vielleicht auch nur ein Witz:
Dies Wesen wird entscheiden,
was leben darf, was nicht!
Es macht sich unbescheiden
zum großen Weltgericht!

Der Homo – auf zwei Beinen,
er hat ein Riesenhirn.
Zunächst greift er nach Steinen,
doch bald schon zum Gestirn!
Baut Bomben und Raketen –
er will ins All hinaus.
Führt miteinander Fehden,
vergiftet sich sein Haus!
Der Globus muss erleiden
ein schlimmes Regiment.
Vorbei die goldnen Zeiten –
Herr, deine Schöpfung klemmt!

Millionen Jahre baute
das Leben sich die Welt,
nur Homo jedoch schaute
allein nach Macht und Geld!
Der Mensch schafft – ohne Fragen –
den großen Weltbanktrott.
Schon lange hört man sagen:
„Wir brauchen keinen Gott!"
So lebt der Mensch im Wahn,
dass alles ihm gelang.
Und schafft sich selbst die Bahn
für seinen Untergang!

Der Schöpfer bleibt gelassen,
er scheint uns nicht zu hören.
Nur er allein kann fassen,
dass wir uns selbst zerstören!
Die „Plage" Mensch zu stoppen,
ist ihm wohl bald vergönnt.
„Ich lasse mich nicht foppen!
Ihr meint nur, dass ihr könnt..."
Er wird den Mensch vertreiben
vom Ball in seiner Hand!
Denn ewig soll er bleiben –
sein blauer Diamant!

Die höchste Form des

Glücks ist ein Leben

mit einem gewissen

Grad an Verrücktheit.

(Erasmus von Rotterdam)

Das Abenteuer

mit Namen

MENSCH

(auch Homo sapiens genannt)

Einst hockten wir auf Bäumen
behaart und unrasiert
und mussten so versäumen
was unten rum passiert.
Bis endlich Oberaffe
August uns vorschlug
„Schluss mit dem Baumgegaffe,
ich habe jetzt genug!"
So kam es denn vor Zeiten,
dass man den Wald verließ
und zog in Steppenweiten –
Schluss war's mit Paradies!

Schon mit dem Aufrechtgehen
da tat man sich recht schwer:
Die Klammerfüße drehen –
das Schlüsselbein saß quer.
Durch Evolution erkoren
zur Schöpfungskrone nun,
der Homo ist geboren –
von nun an gibt's zu tun!

Zunächst heißt' s überleben,
das Raubgetier ist schnell.
Zwar ist uns Hirn gegeben,
doch trägt's nicht von der Stell'!
Das Leben war ihm teuer
Herr Urahn ist nicht dumm:
So bändigt er das Feuer –
auch Steine lagen rum.
Mit Faustkeil und der Klinge
alles aus Stein gemacht,
damit er sich erringe
im Kampf die Übermacht.

So tröpfeln nun die Jahre
der Steinzeit zäh dahin.
Der Mensch entwickelt Ware,
nach Handel steht der Sinn!
Dies wird zukünftig bleiben,
für immer auf der Welt.
Drei Dinge werden treiben:
Neugier, Macht und Geld!

Einst fand der Urahn Fritze
Gestein, das war sehr hart.
Er schmolz es unter Hitze –
Metall – ein guter Start!
Zwar Kupfer nur und weichlich
Doch gab es viel Geschrei.
Nun gab es Bronze reichlich –
Die Steinzeit ist vorbei !
Man sollte jetzt wohl denken
die Menschheit hat genuch!
Doch wie ist's mit Geschenken?
Aus Segen wird oft Fluch !!

Statt Kunstwerk zum Begaffen
oder nen Bronzetopf,
schmiedet man scharfe Waffen
und haut sich auf den Kopf!
Nun braucht die Welt Soldaten –
trainiert und kampferprobt,
und dreimal dürft ihr raten
was das Geschichtsbuch lobt:

Nicht Bauer, Händler, Denker
werden groß genannt:
Nein, die brutalen Henker –
die blieben uns bekannt!
Doch wenn jetzt alle dachten
„Der Homo fällt nun raus!"
Nein! Trotz aller Schlachten –
der Mensch breitet sich aus.
Es folgt ein großes Wandern
und so geschah es prompt:
Man kennt nicht mehr die Andern –
die Lautverschiebung kommt!

Die Sprachen werden bunter
und auch immer mehr.
Ein Etzel und ein Gunther
verstehen sich nur schwer!
Schon lange baut man Weizen
und auch Gemüse an.
Das Jagen tut noch reizen,
doch hängt man nicht mehr dran.

Auch nachts muss man sich regen,
(das tut man heute noch) –
was folgt ist Kindersegen
und Hunger wird zum Joch !
Der Wald muss schließlich weichen
für Felder, Vieh und Haus.
Der Mensch macht alten Eichen
und Buchen den Garaus !
So etwas wie Hygiene
war damals unbekannt.
Ob Große oder Kleene –
man ist zum Busch gerannt.

Die oberen Zehntausend
die haben schon gepisst,
sich kratzend und sich lausend
zuhause auf dem Mist!
Keiner ahnt die Folgen
in seinem edlen Nest:
Ungezieferwolken
und Fieber, Krätze, Pest... !!

Es gab noch keine Spritze,
Tabletten und Dragees.
Und kam die Fieberhitze,
dann trank man Kräutertees.
War damals einer dreißig –
wird er als Greis verehrt!
Im Häcken war man fleißig
und hat sich stark vermehrt!
Nichts stoppte unsre Ahnen,
kein Mumps und keine Pest!
Es steht auf unsren Fahnen:
„Der Umwelt gib den Rest"!!

Um Hunger zu vermeiden
war Kämpfen angesagt.
Der Schwächere tat leiden
und keiner hat geklagt.
Oft brachen ganze Horden
in Nachbarländer ein.
Im Süden und im Norden
raubt man sich Weib und Schwein.

Heroisch sind die Sagen
die uns erhalten sind.
In Wahrheit war's ein Klagen
bei Mutter, Weib und Kind!
Allmählich breiten Staaten
sich im Gelände aus
und viele Potentaten
machen Reiche draus.
Man denke an Ägypten
an Perser hier und Rom !
Schon bald entstehen Krypten –
darüber oft ein Dom.

Der Menschlichkeit bringt 's leider
Keinen Segen, keinen Sieg.
Das Morden das geht weiter –
doch nun nennt man es „Krieg" !
Es folgt ein Wort zur Seele,
längst überfällig schon:
Drangsal und Gequäle,
bekannt als Religion !

Ganz einfach ist der Handel –
Der Priester bringt 's ins Lot,
egal der Lebenswandel –
der Mensch fürchtet den Tod!
Der Priester spielt die Rolle
der göttlichen Instanz –
und nun kommt das Tolle:
Er fängt die Menschen ganz!
Süß ist der Lohn der Treuen,
verflucht ist, wer verstockt!
Wer spurt, der darf sich freuen,
weil dann der Himmel lockt.

Macht im Staate bilden
die Kirchen überall,
bei Christen wie bei Wilden:
Der Menschheit Sündenfall !!
Diese Mächte wachsen
auf seelischem Bankrott,
schon bilden sich die Achsen
zwischen Staat und Gott !

Wer nicht gehorcht ist Sünder –
droht Feuer gar und Schwert .
Die Angst schließt alle Münder,
Gedanken sind nichts wert !
Jahrhunderte des Schweigens,
man hat sich angepasst –
trotz des wilden Reigens,
der die Popen fasst.
Ketzerfeuer brennen,
Hexen lodern hell.
Die will nun keiner kennen,
jeder verkriecht sich schnell.

Die Angst im Menschenherzen
macht alle Völker weich.
Mit Ablassbrief und Kerzen
wird die Kirche reich!
Doch dann mit Riesenschritte
kommt die neue Zeit.
Und in ihrer Mitte
wird die Erde weit !

Man findet neue Länder
und Technik wird gebracht.
Endlich reißen Bänder...
Rom verliert an Macht.
Freiheit heißt das Schlagwort
für die Christenheit! –
Möglichst schnell von Rom fort-
doch der Weg ist weit !

„Ich bringe euch nach China,"
sprach Kolumbus laut.
Er selbst war ja noch nie da,
drum hat er sich verschaut.
Schon nach einem Monat
hat er für uns entdeckt,
das Land von Mais und Donut,
das Lust auf Freiheit weckt !
Nun folgten Schiff auf Schiffe,
die Spanierflut, sie rollt.
Und deren Ehrbegriffe
sind Totschlag, Raub und Gold!

Zerschlägt für Gott und Kaiser
die ältere Kultur,
manche waren weiser –
jedoch die Masse stur!
Spanien schwimmt im Golde,
das Geld ,das fällt im Kurs.
Was keiner wirklich wollte –
Europa geht Konkurs !!

Die Armut die zieht Kreise,
(schon wieder, welch ein Graus)
und viele sagen leise :
„Wir wandern einfach aus"!
Plötzlich fällt den Laien
das Land im Westen ein!
„Amerika" so schreien –
im Osten groß und klein.
Und so stürmt die Meute
über den großen Teich.
„Kulturschock" sagt man heute;
Europas böser Streich!

Gequälte Menschen träumen
von einer neuen Welt.
Keiner will `s versäumen –
den meisten fehlt das Geld!
Das neue Land im Westen,
kaum einer hat's gesehn.
Es sind nicht grad die Besten,
die auf die Schiffe gehn!

Wohlstand und die Freiheit
sucht man im neuen Land
und im Gepäck die Rohheit,
die Folgen sind bekannt.
Europas Fahnen flattern
auf jedem Kontinent
und die Gewehre knattern,
das Morden nimmt kein End!
‚Indianer – und ihr Neger,
nun seit doch nicht so stur!
Wir bringen Mumpserreger
und unsere Kultur!

Was scher 'n uns eure Götter,
die stampft mal in den Pott!"
Verweigerer und Spötter,
die wandern auf `s Schafott!
Die kluge weiße Rasse
hat die Welt geprellt!
Es ging hier nicht um Klasse,
es ging um Macht und Geld!
Europas Lebensweise,
muss der Maßstab sein.
Wehrt man sich auch nur leise,
dann schlagen wir halt drein!

Das Ziehkind – dort im Westen,
man nennt es USA –
hat nach manchen Testen,
gelernt von uns. Hurra!
Hier schrieb man auf die Fahnen
sich, was der Mensch begehrt:
(Man kann es wohl schon ahnen –
nicht Liebe, nein verkehrt!)

Wachstum, Macht und Geld
Freiheit auch – und Recht!
Was Herren sehr gefällt,
gilt nicht dem schwarzen Knecht!
Man droht den roten Stämmen –
fordert zum Krieg heraus!
Statt Hass und Wut zu dämmen,
löscht man sie einfach aus!

Es folgen nun die Fehden,
man nennt sie Eins und Zwei.
Gemeinsam lasst uns beten:
Behüte uns vor Drei!
Doch wäre es vermessen,
der Menschheit hier zu trau`n.
Der Homo ist besessen,
er kann sich nur verhau`n!
Nach dem letzten Kriege,
rief man sich zu: Nie mehr!
Doch locken Menschen Siege
und die Macht zu sehr !

Dem Menschen im Gefolge
ist stets ein Rattenschwanz:
Wie eine dunkle Wolke
folgt Hass, Intoleranz!
Hat sich der große Macher
am Ende gar vertan?
‚Macht euch', was für ein Kracher,
‚die Erde untertan!'
Der Schöpfer dort im Himmel,
allmächtig sei er, klug.
Doch Homo hat `nen Fimmel,
wir sind nicht gut genug!

Dabei ist uns gegeben,
ein Gut – man nennt es Geist.
Den müssen wir beleben,
damit er nicht verwaist!
Gepaart mit unsrem Willen –
nie wieder Unrecht, Leid!
Verbannen wir im Stillen,
Rache, Hass und Neid!

Lasst und den Namenlosen
bitten um Geduld –
und in Demutsposen:
‚Vergib uns unsre Schuld!'

Glücklich ist der Mensch,
der über sich selbst
lachen kann.
Er wird immer etwas haben,
was ihn belustigt.

(Tolstoi)

Die Ode

an die

Endung - rode

Was wir heute Deutschland nennen,
war früher so nicht zu erkennen!
Von der Weichsel bis nach Flamen,
wohnten damals die Germanen.
Sie flochten täglich ihren Zopf,
schlugen Römer auf den Kopf,
tranken Met und soffen Bier.
Kurz – sie lebten so wie wir!
Doch drangen aus des Ostens Weiten
wilde Horden – böse Heiden;
Hunnen wurden sie genannt!
Sie haben alles überrannt.
Die Germanen, aufgescheucht,
packten was da kräucht und fleucht.
Ließen Hof und Herd allein –
und fielen in Italien ein...

Der Osten Deutschlands – öd und leer,
auch Polen wollte keiner mehr!
In kleinen Gruppen, Mann für Mann,
siedelten sich Slawen an.
Opolen, Pruzzen, Obodriten
und Sorben brachten andre Sitten!
Bis Kaiser Otto sagte bleich:
„Der Osten, der muss heim ins Reich!"
So zogen denn, mit Weib und Vieh,
die Deutschen in die Kolonie!

Sie gründen Städte, roden Wälder,
bauen Brücken, schaffen Felder.
Deutsch klingt es nun in jedem Ohr.
Sie dringen bis zur Oder vor...
Die Slawen wehren sich famos,
jedoch – die Deutschenflut ist groß!
Die nicht gehorchen, Aufstand wagen
werden versklavt... oder erschlagen!

Der Kaiser schenkt dem Deutschen Orden
Land an der Ostsee, hoch im Norden.
Kreuz und Schwert eröffnen Schleusen:
Aus Pruzzen werden Christen – Preußen!
Der deutsche Ritter bringt Kultur,
beim Volke aber bleibt er stur:
Die Bauern werden unterdrückt,
der Ritter in den Blickpunkt rückt!

Man liest es auch in unsren Sagen:
Dem deutschen Wald geht's an den Kragen.
Von der Memel bis zur Nette
entstehen Höfe, Dörfer, Städte!
Die Orte man sehr oft benennt,
mit Endungen, die jeder kennt:
Namen mit dem Ende -rode,
waren damals sehr in Mode.

Sie alle stammen aus der Zeit,
als Deutsche machten sich sehr breit.
Mit Steuernachlass, Subventionen
(es musste sich ja schließlich lohnen)
wurden Siedler angelockt.
Noch heute meistens man dort hockt.
Man kam vom Rhein und von der Lahn
und siedelt sich im Spreewald an!

Zum Schluss nur noch ein kleiner Rest:
Dies war noch vor der großen Pest.
Denn als sie kam, die große Seuche,
blieb jeder brav in dem Gehäuse.
Halb Deutschland hat sie weg gerafft
(was ne Neutronenbombe schafft)!
Das Zeitrad ward zurück gedreht –
Doch dies auf andrem Blatte steht!
Wann war das wohl, fragt ihr verwundert?
Im zwölften/dreizehnten Jahrhundert !

Et quod temtabam scribere, versus erat...

(Was ich auch zu schreiben begann, Verse wurden es stets)

Der Mann aus

Genua

(wer kennt nicht

Christoph Kolumbus)

Am Bug steht er seit Tagen,
der Admiral der Meere
und niemand wagt zu fragen.
Sein Blick – er streift ins Leere!
Im Dunst die Karavelle,
ein Schemen – weit zurück.
„Wir stehen auf der Stelle,
verloren ist das Glück!"
Des Admirals Gedanken –
in der Vergangenheit:
Nichts brachte ihn ins Wanken,
obwohl der Weg so weit!

Die Könige von England,
von Frankreich, Portugal...
Nur kurz er dort Gehör fand
Und Zweifel – überall!
„Wir wissen, Herr Christopher:
Rund ist unsre Welt!
Hat er in seinem Koffer
für Schiffe genug Geld?"

Der Plan des Genuesen,
er ist an sich kein Neuer,
verführerisch zu lesen.
Doch dieser Plan ist teuer!
Muskat und Pfeffer locken,
auch Sklaven, Spezereien...!
Die hohen Kosten schocken.
Ein Flop? – Nicht zu verzeihen!
Und dann – die Portugiesen:
Sie tasten sich nach Süden.
Es gäbe neue Krisen,
auch das muss man verhüten!

Man dankt im Fürstenkreise
Kolumbus für die Müh'.
„Verschiebe er die Reise!
Sein Plan – er kommt zu früh..."

In den Nebel bohren
die Augen sich, fast blind.
„Hab ich den Weg verloren?
Oh Heiland, schick uns Wind!"
Drei Schiffe auf dem Wege
nach Westen – Richtung China.
Sie dümpeln reichlich träge:
Maria, Pinta, Nina!
Und auf deren Planken
die Mannschaft, ziemlich bang!
Man spürt kein Stampfen, Schwanken.
Nur Flaute – tagelang!

Der Admiral gezogen
von Willensstärke nur.
Er hat sein Team belogen,
folgt seinem Traum – bleibt stur!
„ Herr, zeigt uns Eure Karten,
nur einen kurzen Blick!"
„Wir wollen nicht mehr warten!
Gebt den Befehl: Zurück!"

Der nächste Tag entscheidet,
Kolumbus fühlt den Druck.
Die Mannschaft furchtbar leidet!
Doch da – ein schwacher Ruck...
Zunächst ein leises Säuseln,
der Nebel – nicht mehr dicht!
Die Wellen langsam kräuseln
und dann – das Sonnenlicht!
Der Wind, er bauscht die Segel.
Es geht voran – und wie...
Der Spanier fromme Regel:
Die Mannschaft beugt die Knie!

Kolumbus nutzt die Stunde,
streckt himmelwärts die Hand.
Dann ruft er in die Runde:
„Wo Vögel sind, ist Land!"

Die Flaute überwunden,
das Stundenglas zeigt acht.
Die Sonne ist verschwunden
und wieder wird es Nacht.
Sich nun zum Schlaf begeben?
Kolumbus bleibt an Deck.
Er will den Traum erleben!
Er dient nur einem Zweck!
Des Admirals Gedanken
tragen weit ihn fort.
Er steht zwar auf den Planken,
doch scheint er nicht an Bord.

Der letzte Hoffnungsschimmer
ist Spaniens Königspaar.
Kolumbus mahnt wie immer –
macht seine Pläne klar!
Die Königin fängt Feuer,
schlägt Warnung in den Wind.
„Sein Plan ist ungeheuer!
Sehr interessiert wir sind.

Doch kennt er unsre Sorgen:
Wir führen einen Krieg...
Das Geld könnten wir borgen,
jedoch – erst nach dem Sieg!"
Südspanien voller Leichen:
Granada wird bekriegt!
Die Mauren müssen weichen
und Christenherrschaft siegt!
Kolumbus, ungebrochen,
steht vor dem Siegerpaar:
„Ihr habt es mir versprochen!
Macht Euer Wort nun wahr!"

Das Paar, in Siegerlaune,
hält Wort und zeigt auch Stil.
Trotz mancherlei Geraune –
Kolumbus ist am Ziel!

Der Admiral der Meere
starrt in die klare Nacht.
Der Himmel ihm gewähre,
dass ihm das Glück nun lacht!
Kolumbus tritt ans Steuer.
Dort drüben – in der Ferne:
Brennt dort nicht ein Feuer?
Ist's eine Schiffslaterne...?
Er lehnt sich an die Spanten,
fasst müd sich ins Gesicht.
Da tönt es aus den Wanden:
„Zur Rechten – Land in Sicht!"

Ein Mann wird zur Legende!
Ein Traum besiegt das Meer!
Es folgt die Geisteswende –
Die Renaissance und mehr...

Amerika zu finden, hat er nie geplant!
Er folgte nur den Winden,
doch hat er wohl geahnt,
dass nun ein Weg sich weitet:
Ein Tor zum Westen prangt.
Er hat den Weg bereitet –
Kolumbus sei's gedankt!

**Nullus est liber tam malus,
ut non aliqua parte prosit !**

(Kein Buch ist so schlecht, dass es nicht zu
irgend etwas nützen möge)

Die Geschichte

Kanadas

(wenn auch nur im Schnellgang)

Es klingt vielleicht ein wenig komisch,
Kanada heißt einfach „Dorf"!
Das ist wahr und nicht ironisch,
es heißt nicht Gold und auch nicht Torf!
Denn die Entdecker, unflexibel,
dachten alle, Mann für Mann,
dass wenn man fuchtelt mit der Bibel
gleich jeder englisch sprechen kann!
Die Huronen die dort trohnten,
standen ziemlich dümmlich da.
Und auf die Frage, wo sie wohnten,
sagten sie halt: „Kanada!"

Ja, ja! Ich weiß es – nicht erbosen,
der Fehler ist mir schon passiert:
Es waren damals die Franzosen,
die hier fragten couragiert!
Der Vers muss fließen halt, Herrje,
drum steht die falsche Sprache da!
Der damals fragte hieß Cartier –
er merkte sich nur „Kanada."

Das war er nun, der Erstkontakt
zwischen weiß und roter Rasse!
Was darauf folgte war vertrackt
und bestimmt nicht erster Klasse!
Ich möchte nicht Geschichte lehren,
dafür fehlt hier auch der Platz.
Man muss sich darum auch nicht scheren –
doch kommt noch ein kleiner Satz:
Champlain, so hieß der erste Boss,
sein Ziehkind war Quebec.
Franzosen auf dem hohen Ross
und Mönche im Gepäck!
Radisson – Alleinentdecker,
zog quer durchs ganze Land.
Er fand Wurm und Aas so lecker,
bis er die Rockys fand!

Doch wie's so ist auf dieser Welt,
man hat nie was allein!
Die böse Gier nach Macht und Geld:
Britannien rückt nun ein!

Der Griff nach dem berühmten Schopf!
Dank der Preußen, sieh mal da!
Man haute Frankreich auf den Kopf
und futsch war Kanada.
England machte sich nun breit,
robust und unvergänglich.
Man blieb sehr lang, trotz Krieg und Streit,
drum spricht man hier auch englisch!
Wer kann schon seinen Frieden hüten,
wenn's dem Nachbarn nicht gefällt?
Der Nachbar, der kam aus dem Süden.
Die „Friedensmacht" der Welt!
Die USA, so sind sie eben,
stets außer Rand und Band!
„Dem Nachbarn woll'n wir Freiheit geben,"
so stürmten sie ins Land!

Es war nicht England, das gewann
den großen Bruderkrieg.
Tecumseh, der rote Mann,
hilft Kanada zum Sieg!

Nun zieht sich durch den Kontinent
die Fast Food-Grenze heute!
Man spricht wie Nachbars (kaum Akzent),
doch anders sind die Leute.
So hat ein Krieg (na Gott sei Dank)
nicht nur schlechte Seiten:
Er beeinflusst Speis' und Trank
und das für lange Zeiten!
Dies war, wenn auch im Schnelldurchlauf,
Kanadas Geschichte.
Merkt euch einfach den Verlauf!
(und schreibt doch mal Gedichte)

Poetis mentiri licet

(Es ist den Dichtern gestattet zu lügen)

Die Ahnung

des

Entdeckers

Sankt Lorenz nenn ich diesen Fluss,
denn Japan hab ich heut erreicht.
Obwohl ich dazu sagen muss,
in Japan sind die Flüsse seicht!
Ich frage besser diesen Mann da
Wo ich bin an dieser Stelle.
Der sprach ein Wort,es hieß Kanada
und verschwand dann wieder schnelle!
Ach – schau mal an, ich bin im Bilde,
hab entdeckt ein neues Land!
Und hier wohnen lauter Wilde,
bunt bemalt und braungebrannt!

Nun, ihr braucht noch meinen Namen:
John Cabot werd ich genannt;
Und besonders bei den Damen
in Paris bin ich bekannt!

Oh, Kanada du wirst erleben,
was es heißt, entdeckt zu sein!
Deine Erde die wird beben,
denn Europa fällt jetzt ein!
Mit Kanonen, Missionaren
wirst du kräftig umgeformt
und nach tausenden von Jahren
nach Europas Stil genormt.
Deine Tiere müssen weichen,
die Indianer sterben aus!
Der weiße Mann geht über Leichen,
Hauptsache Profit kommt raus!

Oh Kanada ich durfte sehen
deine Schönheit, deine Pracht.
Nun wird der Wind Europas wehen
und verändern dich – mit Macht!
Freue dich auf breite Straßen,
große Städte und Verkehr.
Durch die Wälder Autos rasen –
deine Seele lebt nicht mehr!
Pseudotrapper werden stürmen
deine Wälder, riesig weit.
Müll wird sich zu Bergen türmen,
die Tagesordnung: Mord und Streit!

Oh Kanada, meine Entdeckung,
dass Meer hat mich an Land gerollt!
Deine Schändung – die Befleckung –
das habe ich nicht so gewollt!
England, Frankreich werden plündern
deine Schätze ungeniert.
Wer gedenkt den stummen Mündern
des roten Volkes, das verliert?
Der weiße Mann in seinem Wahne
nennt Fortschritt seine Missetat!
Doch ich denke und ich ahne,
dein Ende das wird öd und fad!

Oh Kanada, Gigantenstädte
werden dein Gesicht zerstören.
Deinen Ruf, dass man dich rette
will in Zukunft keiner hören!
Aus fernen Ländern kommen Flieger,
tragen Menschenmassen her.
Sie hoffen auf Indianerkrieger,
doch Kanada – das lebt nicht mehr!
Du wirst geopfert für den Handel,
für Profit und Größenwahn!
Dich verschlingt der Klimawandel,
was hat man dir nur angetan...

Ich verlass nun deine Küste,
Richtung England geht die Fahrt.
Damit der König von dir wüsste –
denn noch ist gottlob – Gegenwart!

Im Leben regiert das

Glück,

nicht die Weisheit.

(Marcus Tullius Cicero)

Eine Reise

durch

Kanada

(Warum gerade Kanada? Tja, weiß ich auch nicht...)

Toronto ist die größte Stadt,
gebaut auf festem Stande.
Doch wie viel Einwohner sie hat,
dass interessiert am Rande.
Und man weiß, dass Ottawa
(benannt nach Indianern)
die Hauptstadt ist von Kanada,
trotz langem Streit und Mahnern.
In Quebec und Montreal,
da lebt man frankophon.
Die Geschichte macht's legal,
doch hatten wir das schon!

Neufundland und Neuschottland sind
im Osten (Richtung Rom)
und Anticost, weiß jedes Kind,
liegt im Sankt Lorenz-Strom.
Den Niagara, das ist wahr,
muss man einfach sehn!
Wo der fließt ist jedem klar –
zwischen den Großen Seen!
Ontario, ein Bundesstaat –
auch der gehört zur Pflicht!
Mit Indianerreservat
(zum Kotzen, oder nicht?)

Manitoba, Winnipeg –
dazu gehört ein See.
Ihn zu Umlaufen hat kein Zweck,
dann tun die Füße weh.
Alberta und Saskatchewan,
man nennt es Mittelwest.
British Columbia nebendran,
darüber liegt Northwest.
Das ist das Land mit Tundramoos,
grenzt an die Hudsonbai.
Dort gibt es auch die Eskimos
und Schneesturm bis zum Mai.

Doch ich vergaß, bin ich ein Tor,
ein Land, heißt wie ein Hund:
Ich meine nämlich Labrador,
fast leer und ungesund!
Wie viel Menschen hier im Land
Kanada nun wohnen?
Auch das ist mir nicht unbekannt:
Es sind dreißig Millionen.
Die Tierwelt, die ist ziemlich groß.
Wapiti, Bären, Wölfe.
Doch leider stecken sie oft bloß
im Wald, tief im Gehölze.

Nun wisst ihr alles (sehr bequem)
Kennt euch aus im Westen.
Braucht kein Navigationssystem,
zur Not fragt man am besten!
Und noch ein Rat, er tut nicht weh:
Fahrt ihr große Schleifen,
in Kanada da fällt früh Schnee,
denkt stets an Winterreifen!!!

Glücklich ist nicht,
wer anderen so
vorkommt,
sondern wer sich
selber dafür hält.

(Seneca)

Reise

durch

Europa

(na ja, wegen der kanadischen Abwege)

Wer sehnt, speziell bei Sonne,
sich nicht nach großer Fahrt?
Nach urlaublicher Wonne –
fort aus der Gegenwart...
Bei harten Alltagsfronten
siegt irgendwann der Frust.
Egal was auf den Konten,
ab dann herrscht Reiselust!
Doch vielen bleibt beim Planen
vor Schreck die Pumpe stehen:
Die Kosten, wie wir ahnen,
lässt Urlaubslust vergehen.
Nichts wird's mit Meeresbuchten,
Torero und Olè.
Statt dessen Straßenschluchten
und kalter Baggersee!

Jedem dieser Armen,
dem stets die Heller fehlen,
gilt heute mein Erbarmen.
Kann Mitleid kaum verhehlen!
Drum will ich alle bitten
zur Reise um die Welt.
In einem Himmelsschlitten –
Es kostet auch kein Geld.

Ein's dürft ihr nicht versäumen,
die Fahrt gelingt sonst nie:
Packt ein die Lust zum Träumen
und etwas Fantasie!
Sind diese beiden Sachen
auch wirklich mit an Bord?
Dann lasst die Fahrt uns machen,
der Wind – er trägt uns fort.

Wir wenden uns nach Norden,
der Schlitten will's, ich nicht!
Vorbei an tausend Fjorden-
Spitzbergen kommt in Sicht.
Die Insel in der Kälte
war stets bedeckt mit Schnee.
Doch wächst hier schon in Bälde
wohl Enzian und Klee!
Schon wenden wir verwegen,
wir wollen südwärts gehen.
Bald sind wir in Norwegen
und können Oslo sehen.
Wir ziehen ohne reden
vorbei am Holmenkolm.
Dort unten wartet Schweden,
die Hauptstadt ist Stockholm.

Unter uns ein Funkeln:
Die Ostsee – fern ein Strand.
Dort liegt, bereits im Dunkeln,
ganz richtig – Finnenland.
Das Land der tausend Seen
(wahrscheinlich sind es mehr).
Zur Hauptstadt wir nun gehen,
Helsinki reizt uns sehr...
Und wieder Meer zu sehen,
nur Wasser rund herum!
Nach Süd die Winde drehen,
in Richtung Baltikum.
Nach Estland treibt der Schlitten
ganz mühelos dahin.
Die Hauptstadt, unbestritten,
ist immer noch Tallin.

Entlang am Ostseestrande –
nach Lettland nun hinein.
Die Hauptstadt liegt am Rande,
das kann nur Riga sein.
Vilnius wir schauen,
der Balten ganzer Stolz.
Die Hauptstadt von Litauen
war einst erbaut aus Holz!

Weißrussland liegt im Süden,
da herrscht noch Diktatur.
Die Landung wir verhüten,
das bringt Probleme nur!
Und Minsk – die Kapitale
des Landes Belarus:
Sie ist die Femè Fatale –
Europa zum Verdruss!

Nach Süd zur Ukraine –
Die Sonne steht schon tief.
Dort grüßt mit stolzer Miene
die Landeshauptstadt Kiew!
Es streiten sich die Geister,
wo Russland einst geboren:
War Novgorod der Meister?
War Kiew auserkoren?
Doch weiter nun im Reigen,
nach Russland – ganz genau!
Ins Land der Balalaiken…
Die Hauptstadt ist Moskau!
Im Osten geht's nicht weiter –
Ural von Süd bis Nord!
Europa findet leider
sein jähes Ende dort.

So gondeln wir nach Süden,
dass Ziel: Aserbeidschan!
Noch ehe wir ermüden
Schau'n wir die Hauptstadt an.
Baku am Meer gelegen
(man sagt auch Kaspi-See),
bringt seinem Lande Segen.
Erdöl schafft Heil und Weh...!

Wir wenden uns zur Gänze!
Entlang des Kaukasus
verläuft Europas Grenze,
nach Süden hin ist Schluss!
Armenien muss hier büßen
der Sowjets Größenwahn!
Die Hauptstadt lässt und grüßen,
durch Radio Eriwan.
Georgien, vergessen,
lag's einst am Schwarzen Meer.
Es brachte unterdessen
den Teufel in Verkehr!
Stalin bleibt für immer
für Massenmord bekannt!
Nur einer war noch schlimmer:
Der kam aus unsrem Land...

Die Hauptstadt wollt ihr wissen?
Tiflis war's immer schon!
Wir machen uns beflissen
zum Schwarzen Meer davon.
Hier riecht es nach Geschichte,
nach Herakles und Co!
Ihr murrt – und ich verzichte...
Dann gehst halt ohne! So!

Wir schweben ohne Eile
übers Schwarze Meer.
Denkt nur – vor einer Weile,
war dieses Becken leer!
Erst nach der letzten Eiszeit
brach's Mittelmeer hier ein.
Seit dem gedenkt die Menschheit
daran wohl im Verein:
Ob Gilgamesch – ob Bibel,
Erinnerung der Flut!
Die Menschheit scheint sensibel,
die Angst liegt uns im Blut!
Zur Linken leben Türken,
da landen wir nicht an.
Nicht das sie uns erwürgen –
Nein, die sind später dran!

Dort vorne ist die Küste.
Rumänien ist schon nah.
Wenn ich's nicht besser wüsste-
Die Donau scheint nicht da!
Dann sehen wir von Weitem die braune Flut
im Meer...
Sie kommt nicht in nem breiten
Strombett stolz daher!
Mal kreuz und in die Quere
ergießt die Donau sich,
behäbig in die Meere
und das gar liederlich!
Hier wohnen die Rumänen.
Die Hauptstadt felsenfest,
des Staats des souveränen,
bleibt ewig Bukarest!

Wir wenden uns nach Norden,
die Donau führt uns her.
Moldawien zu orden,
fällt allen ziemlich schwer!
So weiß ich auch den Namen
der Hauptstadt nicht genau.
Fällt ziemlich aus dem Rahmen:
Sie heißt wohl Chisinau...

Wir fliegen einfach weiter
stracks in die Slowakei.
Wie einst die Steppenreiter:
Hier zogen sie vorbei!
Pressburg – unterm Kaiser –
heißt Bratislava heute.
Die Hauptstadt ist ein Reißer!
Slowakisch sind die Leute!

Nach Polen fährt der Schlitten.
Die Reise fällt uns schwer:
Wie haben sie gelitten!
Die Schuld belastet sehr...
Warschau an der Weichsel –
Die Hauptstadt ist Programm:
Nie wieder vor die Deichsel!
Nie wieder Opferlamm!
Hier sind sie nun zum Greifen –
die Stätten unsrer Schuld!
Vertrauen muss lang reifen,
wir brauchen viel Geduld!
Vielleicht in fünfzig Jahren
ist alles weit entfernt.
Doch jeder muss erfahren,
wie man aus Grauen lernt!

Es riecht nach Heimatdüften!
Südwestwärts weht der Wind.
So folgen wir den Lüften –
nach Tschechien geschwind!
Unten, in den Bergen,
lebte einst Rübezahl.
Mit Riesen und mit Zwergen,
weit hinter Berg und Tal!
Nun kommt das böhm'sche Becken,
war früher Deutsches Reich.
Man sieht es an den Burgen,
sie sind der Heimat gleich!
Wir ziehen still nach Westen,
was dort wohl kommen mag?
Sie ist bestimmt vom Besten:
Die goldne Hauptstadt Prag!

Da klingen deutsche Worte!
Ein Slang, wie es uns schien...
Wir schauen nach dem Orte:
Österreichs Hauptstadt Wien!
Das blaue Band dort unten –
die Donau, sieh mal an!
Das die in den paar Stunden
sich so verfärben kann...?

Hoch geht es- in die Alpen,
das hat auch seinen Reiz!
Berge allenthalben,
wir sind jetzt in der Schweiz.
Im Land der braunen Kühe,
die sehen wir doch gern...
und speisen nach der Mühe
in der Hauptstadt Bern.

Wir sind vorbei geflogen!
Das ist nun gar nicht fein.
Ich habe euch betrogen
doch fast um Liechtenstein...
Es ist zwar keine Sünde –
Ihr hört es mit Verdutz!
Ich hatte meine Gründe:
Was reimt sich auf „Vaduz"?
Doch nun geschwind nach Westen:
Vivat grand le France!
Den Rotwein gilt's zu testen,
drum nutzen wir die Chance.
Im Land der schönen Düfte,
der Weine und des Bries.
Wir schweben durch die Lüfte,
zur Hauptstadt – nach Paris!

Hat jeder ausgeschlafen?
Der Rotwein sich gesetzt?
Dann starten wir zum Hafen,
nach Belgien geht's jetzt.
Schon tönt's von allen Seiten:
„Zum Hafen? Hör ich recht?"
Die Maas, sie wird uns leiten,
ich meine Anderlecht!
„Werft Flamen in die Schüssel
und Wallonen!" hieß der Rat.
„Die Hauptstadt werde Brüssel!
Nun schafft euch einen Staat!"
Das Kunststück ist gelungen,
Gemeinschaft heißt das Band.
Man redet mit zwei Zungen,
doch blieb vereint das Land!

Luxemburg im Osten –
mit Banken, für die Reichen!
Hier sparen sie wohl Kosten
und Steuern ohne gleichen...
Berühren wir's am Rande
und nehmen Kurs nach Nord,
grad in die Niederlande.
Den Haag wurde als Ort

der Hauptstadt auserkoren.
Im Land der Polder, Grachten,
wo Rembrandt einst geboren
und's Holzschuh gibt und Trachten.
Auch denken wir an Drogen,
die Junkies stehen stramm!
In Scharen – ungelogen –
zieht's die nach Amsterdam!

Es weht ne steife Prise,
die Nordsee hält ihr Wort.
Sie brachte manche Krise,
war Synonym für Mord!
Wir sehen hier mit Staunen,
was Meer geschaffen hat:
Der Nordsee wüste Launen
bescherte uns das Watt!
Wir treiben Richtung Angeln,
erwarten „red and white"…
Dort soll es doch nie mangeln
an Danish Dynamite!
Die Hauptstadt zu erfragen,
ist einfach reiner Quark.
Das ist doch Kopenhagen –
Wir sind in Dänemark!!

Nur Mut und auf die Haxen,
besinnt euch guter Sitten.
Wie einst die Angelsachsen:
Wir fahren zu den Briten.
Den Schlitten stur nach Westen,
an Bord sind alle Mann.
So kommen wir am besten
in Großbritannien an!
Schon sehen wir die Insel –
„Welcome in England! Over..."
-   gemalt mit Gottes Pinsel!
Dann landen wir in Dover!
London ist „main-city"
und dies von Anfang an.
Die Stadt ist wirklich pretty –
soweit man sehen kann!

„Go West!" – Zu einem Lande,
die Iren wohnen dort!
Ganz an Europas Rande –
der Kelten letzter Hort.
Die „grüne Insel Gottes"
man liebevoll sie nennt.
Sie hat auch etwas Flottes,
wenn man sie richtig kennt!

Doch spürt der auch die Schmerzen,
der länger hier verweilt:
Zerriss`ne Inselherzen –
der Schatz ist zweigeteilt!
Europa wird es richten:
Nie wieder Streit und Krieg!
Mit ernsten Bürgerpflichten
wird aus dem Hader Sieg....
Ich hätte fast vergessen
die Hauptstadt zu benennen;
seid doch nicht so besessen –
Dublin wird jeder kennen!

Die Wikinger – vor Zeiten,
suchten neues Land
und fanden bald in Breiten
des Nordens ihr Island!
Zur Insel der Vulkane,
der Schlitten trägt uns fort.
Und Reykjavik – ich ahne –
gefällt als größter Ort...
Geysire, heiße Rinnsel –
beim Baden geht es rund!
Der Golfstrom hält dir Insel
recht warm – und kerngesund.

Ihr liegt mir in den Ohren,
auch scheint ihr zu ermüden!
Nun gut! Genug gefroren!
Wir fahren in den Süden.
Ich verrate nicht zuviel
und mache eine Larve:
Portugal heißt unser Ziel!
Zunächst an die Algarve.
Nie hört man hier Touristen klagen,
im äußersten Südwesten.
Im Gegenteil: Hier sei, laut Sagen,
Portugal am besten...
Doch nun wollt ihr, so ist das eben
und ihr kennt sicher kein Pardon-
zur Hauptstadt, in das pralle Leben...
Dann also auf – nach Lissabon!

Jetzt drauf auf den Gleiter,
Ihr seht doch ich will ja,
zum nächsten Land weiter:
E viva Espania!
Damit es auch ein jeder weiß:
Wir fliegen nach Granada!
Im Süden sind die Tage heiß,

drum speist nur Ensalada.
Wir werden die Alhambra sehen
mit vielen schönen Dingen.
Dann werden wir zum Stierkampf gehen,
Flamenco tanzen, singen!
In Spanien kommen wir zum Schluss,
nennt's mal den letzten Ritt,
für euch ist dies doch schon ein Muss:
Zur Hauptstadt, nach Madrid!

Vom Schlitten aus, zur linken Hand,
das sind die Balearen!
Bös „Assi-Inseln" sie genannt –
Wohl ein Klischeeverfahren!
Sie hießen auch – vor langer Zeit:
Die „Inseln der Kastanien".
Erklärung führt hier wohl zu weit,
heut' sind sie Teil von Spanien.
„Korsika – dort vorne! Seht!"
Sardinien liegt daneben.
Doch weiter unsre Reise geht.
Wir wollen was erleben!

Unter uns das Mittelmeer,
so glatt wie nach dem Bügeln.
Vor uns Rom – es lockt uns sehr,
mit seinen sieben Hügeln!
Du glückliches Italia,
Europas Stiefelspitze!
Dein Vino, deine Pizzia
und deine Sommerhitze,
lockt riesige Touristenscharen
nach Pisa und nach Rom!
Sie füllen schon seit tausend Jahren
das Forum – und den Dom!
Die Wildesten begehrten dich:
Auch Kelten und Germanen!
Doch selbst die ergaben sich
in deinen süßen Armen!
Wir schweben wie ein Pelikan
-   ein Hauch von La Paloma –
und schauen uns Venedig an.
Danach die Hauptstadt Roma!

Da unser Kopf und das Gesäß
vor Hitze nun schon glüht,
steuern wir programmgemäß
den Schlitten Richtung Süd.
Vesuv, der Ätna, Stromboli:
Die Feuerspeier schweigen!
Doch bei den Burschen weiß man nie,
wann er beginnt, der Reigen...
Palermo unten – oh wie schick!
Das Tempo wird nun schärfer.
Dem Ätna gilt ein letzter Blick,
Europas Flammenwerfer!

Das nächste Ziel ist nicht sehr weit.
Drum aufgepasst: Hic salta!
Zur Landung sind wir schon bereit,
denn unter uns liegt Malta!
Die beiden Inseln – heiß begehrt,
bedenkt man dies mal postum,
liegen hier doch ganz verkehrt:
Allein im mare nostrum!

Er liegt schon fast in Afrika,
Europas Außenposten.
Die Römer waren früher da –
Araber aus dem Osten...
Auch Türken fanden sie recht gut,
doch scheiterten sie bitter:
Malteser gegen Türkenflut:
Der letzte Sieg der Ritter!
Valletta – das ist ganz gewiss
Maltas Metropole!
Und hier erhielt den Schlangenbiss
Paulus – der Apostole ...

Des Paulus Spuren folgen wir,
in Richtung der Kykladen.
Auf Kreta trieb es Zeus als Stier!
Hier könnten wir doch baden...

Wir nehmen Fahrt nach Hellas auf
und spüren Ehrfurcht pur:
Denn hier begann der Fackellauf
der Abendlandkultur!
Die Inseln unten in der See:
Voll Sagen und Geschichten.
Denkt nur mal an die Odyssee –
Homer durfte hier dichten.
Dort ist Santorin zu sehen,
man nannte sie die „Runde".
Der Vulkan ließ nicht viel stehen,
doch gibt's da tolle Funde!

Zypern hieß Alisia
zur Zeit der Pharaonen.
Die Hauptstadt ist Nikosia,
ne Landung wir sich lohnen!
Auch Kupferinsel sie genannt,
die Griechen waren Spötter!
Der Werbung ist sie wohlbekannt
als „Insula der Götter".
Hader hat auch hier geschafft,
ein Götterland zu spalten.
Zwischen Nord und Süden klafft
die Grenze allenthalben.

Trotz EU und Euro-Land
braucht's wohl ein Menschenleben
zwischen Türkei und Griechenland
die Spaltung zu beheben.

Das Stichwort war doch Griechenland.
Der Kurs führt nach Nordwesten!
Schlitten außer Rand und Band,
er kennt den Weg am besten.
Und wieder Land im Meer zu sehen:
Dies sind wohl die Sporaden.
Hier rangen Sparta und Athen
mit Schiffen und Soldaten.
Salamis – die Heldenbucht!
(Man denkt an Perserschlachten)
Helden man vergeblich sucht –
da unten sind nur Yachten!
Der Inselgrieche liebt sein Land,
die Hauptstadt – die mag keener!
Das Perserwort liegt auf der Hand:
„Gedenke der Athener..."

Lasst uns nach Albanien fliegen,
die Hauptstadt ist Tirana.
Das Land war nach den beiden Kriegen
ein Trabant von China!
Nun herrscht auch hier die
Marktwirtschaft,
der freie Strom der Waren.
Man nun auch hier nach Mammon rafft –
im Land der Skipetaren!

Die nächste Stadt heißt Prestina,
im heißen Kosovo.
Hier ist schon lang die Nato da,
mit dem Mandat der UNO!
Es trauen sich seit langem kaum
Albaner hier und Serben...
Dabei wär' doch für alle Raum –
statt dessen Hass und Scherben!

In Skopje nun – das ist bekannt –
im Land der Makedonen,
hat Vogel Phönix sich verbrannt.
Der sollte einst hier wohnen!

Montenegro – übersetzt,
heißt einfach „Schwarze Berge".
In einem Staat geht es, vernetzt,
mit Serbien zu Werke!
Die Hauptstadt an der Donau liegt,
Belgrad ist ihr Name.
Osmanen hatten einst besiegt
die große, alte Dame!
Die Bezeichnung, meint ihr jetzt,
wär' sicher übertrieben?
Schon Römer hielten sie besetzt,
und lernten Belgrad lieben!

Wir nähern uns nun einer Stadt –
der Hauptstadt der Kroaten.
Geschichte sie geschrieben hat,
ihr werdet es erraten.
In Sarajevo fiel ein Schuss –
Europa hat gegoren!
Mit Kaiserreich war danach Schluss,

der Weltkrieg ging verloren!
Hier starb der Prinz Franz Ferdinand,
Österreichs letzter Held!
Der Tod gab Grund zum großen
Brand –
und wandelte die Welt...
Von K und K blieb nur ein Rest,
Ungarn ist ein Stück!
Drum segeln wir nach Budapest,
die Sonne scheint – ein Glück!

Slowenien, dem Nachbarstaat,
wenden wir uns zu.
Ljubljana, in der Tat,
gehört nun zur EU.
Und endlich ist der Euro da...!
Am Westen angebunden,
hat man nach Jugoslavia
ein neues Heim gefunden.

Zwei Länder fehlen uns zum Schluss:
Zurück geht's nun, nach Süden!
Sie liegen dort am Bosporus,
Europas Wacht zu hüten.
Durch Bulgarien, zur Türkei
werden wir nun reisen.
An Sofia geht's rasch vorbei –
Am Goldnen Horn wir speisen...

Ihr kennt nicht das Goldne Horn,
in Istanbul gelegen?
Die Meeresbucht reckt wie ein Sporn
sich dieser Stadt entgegen.
Der Türken Hauptstadt Ankara,
auf anderem Kontinente
liegt sie, und eben da
geht unsre Fahrt zu Ende!

Durch Europa – kreuz und quer,
denn hier sind wir zuhause –
zogen wir, auch übers Meer.
Nun machen wir ne Pause!
Was macht denn eure Fantasie?
Habt ihr genug geladen?
Wollt ihr noch weiter? Man weiß nie...
Ach, gehen wir lieber baden !!!

Glücklich ist, wer das,
was er liebt,
auch wagt,
mit Mut zu beschützen.
(Ovid)

Ein

Dankgedicht

zum

Nachdenken

In Hochmut und Vermessenheit
hab ich mich verstiegen.
Dein Weg war in Vergessenheit,
ich meinte, stets zu siegen!
Mein Satz – ich bin nur oben –
hast du mit Macht zerstört.
Mir Wahrheit zugeschoben –
die Botschaft ward gehört:
„Beginne Demut spüren
und denk an deine Schranken!"
Ich will dein Leben führen,
schon dafür muss ich danken...

Trotz Verzweiflung, trotz der Not,
hab Menschen ich zur Seite.
Wichtiger als täglich Brot –
Hilfe im Seelenleide!
Die Liebe, die aus Herzen dringt,
kennt Mauern nicht und Wände.
Sie gibt mir Kraft, die viel bezwingt,
sonst wäre ich am Ende.
Für die, die mit durch 's Feuer gehn,
in Treue - und nie wanken –
für alle die immer hinter mir stehn,

mein Gott, für die will ich danken!
Ich bin nicht der Macher, ich bin nicht der
Held,
auch wenn das manche so dachten!
Es wich der Erfolg und damit das Geld
Du gabst mir die schlechteren Karten.
Doch hast du die Frau mir zu Seite gestellt –
für immer werd ich sie lieben –
sie steht nun fast allein in der Welt,
allein auch mit Lust und mit Trieben.
Die Trennung ist schwer, für sie und für mich
bin bei ihr, wenn auch in Gedanken.
Auch sie ist bei mir, ganz sicherlich.
Mein Gott, dafür muss ich danken!

Danke für alles Gerechte der Welt,
danke für herzliche Worte.
Danke, dass Willkür an mir zerschellt,
denn die ist stets allerorte!
Ich danke für Menschen die besser sind,
als die Gesellschaft vermutet.
Die Herzen sind meistens freundlich gesinnt,
die Seelen jedoch schon verblutet.
Gut und Böse sind eng aufgestellt,
man sucht vergeblich die Schranken.

Hilf allen Schwachen, du Schöpfer der Welt!
Dafür mein Gott, will ich danken!

**Glücklich, wer mit den Verhältnissen
zu brechen versteht,
ehe sie ihn
gebrochen haben!**

Franz von Liszt

Sehnsucht

(was kann Liebe
doch so hart sein...)

Was machst Du nur? Wie geht es Dir?
Stets stell ich mir die Fragen.
Ob mittags oder nachts um vier
und das an allen Tagen!
Bei Dir zu sein, das fehlt mir sehr –
ich kann es kaum ertragen.
Ganz ohne Dich – das ist so schwer,
mit Worten kaum zu sagen!
Ich fühl mich wie im fremden Land,
allein und ohne Wärme.
Mir fehlt Dein Geist und Deine Hand,
denn rund um mich ist Härme!
Ich sehne mich nach Deinem Kuss,
nach Deinem weichen Mund.
Dein Lächeln ist schon ein Genuss,
erfreut zu jeder Stund.
Du bist so fern, so weit entrückt,
ein ständiges Erinnern...
und doch bist Du, es klingt verrückt,
ganz tief in meinem Innern!
Da hast Du Dich recht breit gemacht
in meinem Seelenzimmer.
Hast liebevoll und leis' gelacht:
„Mein Schatz, hier bleib ich immer!"

So spür ich Dich – zu jeder Zeit,
nicht leiblich – nur astral!
Der Geist schafft die Gelegenheit –
Das Hirn, es ist genial!
Was dachte sich der Himmel da?
Stellt er uns auf die Probe?
Ich nehm' es hin und sage Ja –
noch besser – ich gelobe:
Du bist mein Engel – bist mein Stern,
ich werd Dir alles geben.
Ich liebe Dich, hab Dich so gern
und das mein ganzes Leben!

**Ein Tropfen Glück
ist mehr als
ein Fass Geist.**
(Diogenes von Sinope)

Die

Definition

(falls man Liebe definieren kann)

Einen Menschen nehmen,
einfach wie er ist –
man wählt nicht den bequemen
Weg, stets nur im Licht!
An Deiner Seite stehen,
egal was auch geschieht.
Mit Dir durchs Leben gehen,
auch wenn man Fehler sieht.
Bedingungslos vertrauen,
denn wer sich liebt, der glaubt!
Auch wenn die andren schauen,
kein Zweifel ist erlaubt...
Nähe zu ersehnen,
ganz einfach bei Dir sein.
Mich zärtlich an Dich lehnen
und sagen: „Ich bin Dein!"
Im Glück und auch im Leiden
nicht weichen – keinen Schritt.
In Not Dich zu begleiten –
die Liebe, die geht mit!
Fehler zu vergeben,
die den andren reuen,
mit meinem eignen Leben
keinen Einsatz scheuen!

Selber zu verzichten,
dem anderen zum Wohl
und Schaden zu vernichten,
der ihn treffen soll.
Raum und Zeit bezwingen,
gedanklich bei Dir sein;
gemeinsam Sieg erringen
und sei er noch so klein!
Die Hand des Partners halten
im Geist, wie ein Symbol –
dies trotzt allen Gewalten,
der Angriff bleibt dann hohl!
Stets das Bewusstsein tragen:
Wir sind nicht heilig – nein!
Wer kann das von sich sagen?
Der werf' den ersten Stein!
Enttäuschung zu verzeihen,
auch wenn es noch so schwer
und seinem Partner leihen
verständnisvoll Gehör.

Zu oft nur heißt die Liebe
ein egoistisch sein:
Befriedigung der Triebe –
ums Ego geht's allein!
Auch ich hab solch Gefühle
als Liebe definiert.
Doch heute weiß ich kühle,
es hat nicht funktioniert.
Aber dann – vor Jahren,
trat ein Wunder ein.
Seit dem darf ich erfahren
die Liebe, echt und rein.
Die Liebe meines Lebens...!
Sie kam so spät – zu spät?
Jahrzehnte war'n vergebens,
doch das Heute zählt!
So wie ich hier geschrieben,
ich schwöre diesen Eid –
so will ich Dich stets lieben.
Sei meine Ewigkeit...!

**Mut steht am Anfang
des Handelns,
Glück am Ende.**
(Demokrit)

Der

Heiratsantrag

(macht man doch so…)

Du bist für mich mein Leben,
bist alles was ich will!
Mit Dir auf Wolken schweben
und Dich betrachten still,
das ist für mich die Wonne –
das Größte auf der Welt,
denn Du bist meine Sonne
von der die Liebe fällt!
Du – fest an meiner Seite,
das gibt mir Kraft und Mut.
Selbst in der größten Pleite,
tut's meiner Seele gut!
Ich möchte Dir so gerne
mein Leben schenken – ganz!
Andre versprechen Sterne
und so nen Firlefanz...,
ich hab nicht viel zu bieten,
lieg ziemlich auf dem Bauch.
Hast Du Dich schon entschieden?
Dann sag: Ich will dich auch!
Die Zeit ist reif zu fragen:
Willst Du als Eheweib
meinen Namen tragen?
Dann sage Ja – und schreib!

Doch solltest Du bedenken –
der Weg zum Glück ist lang!
Wir müssten uns beschränken
und davor ist mir bang!
Doch willst Du diese Ehe,
ganz fest – und liebend gern,
folgt Wonne unsrem Wehe –
und nie mehr sind wir fern...

Es ist schwer, das Glück
in uns zu finden.
Aber es ist ganz unmöglich,
es anderswo zu finden.

Sebastien Chamfort

Das

Lied für

Calliste

Erkenne die Wunder, höre und
staune –
Freue dich auf jeden neuen Tag!
Hab jeden Morgen stets gute Laune,
denk daran, dass jemand dich sehr mag!

Hab jeden Tag ein gutes Gewissen,
Menschen sind nicht gleich auf dieser
Welt.
Achte sie alle, dann wirst du wissen:
Liebe ist mehr wert, als alles Geld!

An jedem Tag genug auf dem Teller,
dass sei dir ein Leben lang gewährt.
Vielleicht noch ein Fläschchen Roten im
Keller,
dank dem Herrn, dass er uns so gut nährt!

Hab auf den Lippen immer ein Lachen.
Freundlichkeit macht alle Lagen leicht!
Es gibt auf Erden genug schlimme Sachen,
mit Freude auch die größte Sorge weicht.

Unter dem Kissen stets schöne Träume,
träumen ist wie Reisen durch die Zeit.
Erblicke dir Strände, Blumen und Bäume,
denn im Traum da ist kein Ziel zu weit!

Mögen dir immer Menschen begegnen –
Freunde, die dir eine Stütze sind.
Dann wird dir niemals das Leben verregnen,
denn für Regen ist die Freundschaft blind!

Glaub an die Liebe, denn sie schützt das
Leben!
Sie ist Garantie für unser Glück.
Selbst wenn sich dunkle Mächte erheben,
bringt die Liebe alles dir zurück!

Möge ein Engel deine Schritte lenken
und dich schützen wie das höchste Gut.
Denn du sollst lange noch an mich denken –
Hilf dem Engel, sei stets auf der Hut!

Sei niemals traurig, wenn die Haare bleichen.
Alter macht uns weise – drum sei froh!
Auch wird die Liebe deshalb niemals weichen,
sie wird immer brennen lichterloh!

Der Vater im Himmel hält dich in den
Händen,
baue dir darin ein warmes Nest.
Vertraue auf ihn, er wird alles wenden,
doch drücke seine Hand dich nie zu fest!

Mögest du leben noch hundert Jahre
ohne Sorgen, nur im Sonnenschein!
Das mir der Himmel lang dich bewahre.
Ich lass dich hundert Jahre nicht allein!

Einmal im Leben geht alles zu Ende,
doch die Trennung dauert kurze Zeit.
Denk an den Schöpfer, denk an die Hände:
Seine Hand – sie schenkt uns Ewigkeit!

Es soll uns am Ende der Engel beistehen
und den Himmel färben glühend rot.
Dann sollen möglichst vier Wochen vergehen,
bevor der Teufel merkt – Wir sind schon tot!

Glück ist etwas,
was man geben kann,
ohne es zu haben.

Der Wind

Kann nicht

lesen

Die Sehnsucht nach jenen, die viel dir
bedeuten,
sie ist nicht zu teilen mit anderen Leuten.
Es hat den Geist in Besitz genommen,
beherrscht alles Denken – es gibt kein
Entkommen.
Das Drängen den liebenden Menschen zu
spüren,
die Stimme zu hören, ihn nur zu berühren –
der Wunsch nur, an seiner Seite zu sein:
Er drückt auf die Seele, so schwer wie ein
Stein!
Bereits in der Frühe, schon morgens um
sieben,
der erste Gedanke: Wie geht es den Lieben?
Ein Denken, ein Flehen – mit stummen Mund:
Oh Herr aller Dinge, halt sie mir gesund!
Die Tage sind lang, viel Zeit für Gedanken,
voll Sorgen und Zweifel – man weist sie in
Schranken!
Denn Treue und Liebe sind sichere Boten,
sie tragen uns sanft auf samtweichen Pfoten.
Und schenken viel Stärke und Zuversicht:
Nach jedem Tunnel kommt immer ein Licht!

Die Zeit wurde einst mit dem Vorteil versehen:
Sie ist endlich lang – und sie wird vergehen...
Sorgen und Leiden zerreibt ihr Getriebe.
Nur dies mahlt sie nicht: Die Hoffnung, die Liebe!
Und sind jemals Zweifel und Frust da gewesen:
Dann scheibts an den Wind – denn der kann nicht lesen...

Liebe -sagt man schön
und richtig -
Ist ein Ding, das äußerst wichtig.
Nicht nur zieht man in Betracht,
was man selber damit macht,
nein, man ist in solchen Sachen
auch gespannt, was andre machen.
(Wilhelm Busch)

Die

Schneemenschen

(soll so eine Spezies geben !)

Für den Tourismus wär' es Gift
müssten alle Gäste laufen!
Doch Gott sei Dank gibt es den Lift,
der schafft die Menschen schnell in Haufen
auf die Höhen - auf die Berge!
Und dann, hurra – mit glatten Brettern
geht man eifrig hier zu Werke,
auch wenn Arm und Bein zerschmettern!
Auf dem Hang, man glaubt es nicht,
ist jeder ein Alberto Tomba...
Vergessen ist Migräne, Gischt –
Es geht hinab, wie einst „la Bomba"!

Ein Hauch von Freiheit, Abenteuer –
die Bretter sausen tierisch schnelle,
uns ist das Tempo nicht geheuer –
und plötzlich ist sie da... die Delle!!
Zum Glück gibt's da ja die Erfindung:
Die Skier fahr'n alleine weiter.
Der Fachmann nennt 's „ gelöste Bindung",
doch macht's den Fahrer nicht gescheiter!

Der hebt nun ab, im hohen Bogen,
ein Doppelaxel – ungeplant –
und ist er weit genug geflogen,
passiert jetzt, was der Leser ahnt:

Es knackt an ungewohnter Stelle,
am Arm, am Bein und an der Stirn...
Der Knochen bohrt sich durch die Pelle,
für kurze Zeit versagt das Hirn! –
Ab jetzt benutzt der Arzt den Grips:
„Privat oder ne Krankenkasse?"
Fragt er, die Hand im weichen Gips.
...und trotzdem war die Piste Klasse...

Glück, das ist einfach
eine gute Gesundheit
und ein schlechtes
Gedächtnis!

Ernest Hemingway

Vogelsberg

statt

Meeresrauschen

Im Meer ist Salz im Meer ist Tang
und es verschwindet – stundenlang.
Auch tummeln sich, mit langen Zähnen,
dort Haie, Aale und Muränen!

Es stinkt sehr oft nach üblen Mief
und ist an vielen Stellen tief!
Dann findet man im Meer oft vor
Substanzen vom Chemielabor!

Und neuerdings, ihr könnt's erraten –
gibt's auf dem Meer wieder Piraten!
Am Meer auch meist die Stürme toben
und ist man an der Küste oben,
dann wird man oft hinweg geweht,
wenn man nicht hinter'm Deiche steht.

Zum Lohn darf man für all die Qualen,
vorab noch Kurtaxe bezahlen.
Ein guter Rat: Drum frisch ans Werk -
Macht Urlaub nur im Vogelsberg!

**Unsere Kasse
darf leer sein.
Doch dein Herz
darf nicht schwer sein.**
(Joachim Ringelnatz)

Die

Relativitäts-

Theorie

(frei nach dem Verfasser...)

Wir tragen es sehr oft im Mund,
benutzen es in Massen;
bei Diskussionen geht es rund
und keiner kann es fassen!
Als Lückenfüller dient es oft,
ist seinem Sinn oft ferne.
Es wird missbraucht – doch unverhofft
erklärt's uns Licht und Sterne.

Drei Haare – ganz allein am Kopf
sind wenig, ist doch klar!
Doch schwimmen sie im Suppentopf,
sind's viel, wie sonderbar!
Ein Raum ist wirklich riesengroß,
muss man ihn täglich putzen.
Doch wird er klein – das ist famos,
will man zum Tanz ihn nutzen!

Und denkt man an den Faktor Zeit,
das bringt uns sehr ins Grübeln:
Vier Wochen Fidschis, noch zu zweit –
nicht viel! Wer kann's verübeln?
Die gleiche Zeit, allein im Bett,
wohl noch in einer Zelle:
Ein Phänomen – und gar nicht nett –
die Zeit steht auf der Stelle!

Der Anlass für das Paradox:
Ein Wort – ein Adjektiv!
Doch ist es sicher wie Fort Knox.
Bekannt als „relativ"!
Egal ob Menge, Zeit, ob Raum,
das Wort will uns belehren:
Die Relation hält uns im Zaum,
den Wunsch und das Begehren!

Relativ ist jeder Traum,
selbst schön und schlank zu sein.
Denn Masse krümmt nun mal den Raum,
frei nach Albert Einstein...
Drum lernen wir aus dem Gedicht,
was relativ – was sicher:
Da ist zum Beispiel das Gewicht
(ich hör schon das Gekicher).

Was dem einen Gardemaß –
dem andren scheint es hager.
Der eine schimpft: „Das kommt vom Fraß!"
Dem nächsten ist's zu mager!
Nun steht das Wörtchen, recht obszön,
doch rettend uns zur Seite:
„Ich finde relativ mich schön,
in Länge und in Breite!"

Glück ist nur
selten etwas
was man erlebt,
meist ist es etwas
an das man sich erinnert.

Anmaßungen

.....

Weißt du wie die Bäche fließen
und Flüsse strömen schnell?
Siehst du die Sterne funkeln
am Abendhimmel hell?
Hörst du in frühen Stunden
der Vögel frohen Klang?
Lauschst du dem Bienensummen,
als wäre es Gesang?
Ahnst du bei all dem Blühen
die Wurzeln dieser Pracht?
Bestaunst du jeden Morgen
der Sonne Strahlenkraft?
Genießt du diese Freuden,
die täglich um uns sind?
Und bist nicht wie meisten
für diese Dinge blind?
Dann fühlst du diese Wunder,
der Schöpfung stiller Hauch.
Erkennst die Macht des Lebens
in jedem Baum und Strauch!
Den Pulsschlag des Planeten –
ein Schöpfer gab den Takt –
bewundre das Mirakel,
als wär's der letzte Akt!

Denn Hochmut packt die Spezies,
die stolz sich Homo nennt
und die in eitler Pose
die eigne Macht verkennt!
Die meint in ihrem Wahne,
dass alles sie bewegt
und höhere Gewalten
damit beiseite fegt.
Wir freveln mit den Wundern,
die einst so gut gediehen –
als wär es unser eigen.
Doch sind sie nur geliehen!
Die Schöpfung fordert einstens
die Leihgabe zurück.
Wir haben sie verschleudert,
verspielen unser Glück!
Das Wunder ist zu retten,
der Mensch darf nur nicht säumen:
Wir müssen ohne zaudern
den Thron des Schöpfers räumen!
Und schnellstens uns bescheiden –
gesagt mit einem Satz:
Dem Mensch gebührt der zweite
und nicht der erste Platz!

O tempora

O mores ...

(Oh Zeiten, oh Sitten)

Zug ins

Verderben

Mitten im Krieg fährt ein Zug voller Juden
quer durch Deutschland – Richtung KZ.
Dichtes Gedränge und Menschen die bluten,
kein Sitz, keine Bank und auch kein Bett.
Dazwischen ein Vater mit seinem Kind.
Er flüstert leise und wiegt es zum Schlaf.
Sein Flüstern trägt fort der eisige Wind:
„An uns hat Deutschland keinen Bedarf..."

Der Zug hält plötzlich auf offener Strecke,
weil hier ihn nach Plan ein Schnellzug
passiert.
Ein Wächter schreit höhnisch: „Jude
verrecke!"
In Deutschland seit langem der Hass nur
regiert.
Der Vater schaut hinüber und sieht ein
Gesicht.
Fasst den Entschluss und bleibt unbeirrt,
blickt in ein Auge, das Hilfe verspricht.
Er weiß, dass am Bahnhof der Tod warten
wird!

Und er winkt dem Gesicht im anderen Zug.
Er öffnet das Fenster und sieht ein
Verstehen,
dann wirft er sein Kind – man ist nah genug,
hinüber zum Schnellzug – Sekunden
vergehen...
Der Zug nimmt langsame Fahrt im Gelände.
Das Kind landet sicher beim fremden Gesicht!
Im Dunkel erwartet der Vater sein Ende,
sein Kind dort drüben jedoch das Licht...

Lupus pilum mutat,

non mentem

(Der Wolf ändert das Haar,
nicht den Sinn)

Der

Nikolaus

Kommt

(es weihnachtet sehr...)

Der Wind weht durch die laue Nacht,
hat frühlingshafte Luft gebracht.
Sankt Niklaus wirft den Blick hinab:
„Die Räder!" ruft er kurz und knapp.
Man hört Knecht Ruprecht heftig schnauben:
Muss Kufen von dem Schlitten schrauben.
Das Fahren mag er gar nicht leiden,
würd' lieber durch die Schneenacht gleiten.
Auf Kufen durch die weiße Pracht...
Da hört er, wie Sankt Niklaus lacht:
„Nun los mein Alter, mach mal hin!
Die Nacht ist kurz, hol das Benzin!"
Den Tank gefüllt – ab mit Gebraus'...
Heut Abend kommt der Nikolaus!

„Oh Herr", hört man Sankt Niklaus stöhnen,
„um alle Menschen zu verwöhnen,
müssen wir uns mächtig sputen!
Wir lassen heute mal die Ruten
Und bringen nur die guten Sachen..."
Diesmal hört man Ruprecht lachen:
„Die Menschen Chef, die machen's schwer
und jedes Jahr werden es mehr!
Ich mag den Job, doch denk ich leider:
Auf Dauer geht das nicht so weiter!

Jedes Jahr im roten Frack
Bringst du vorbei 'nen vollen Sack.
Wir sollten lieber Säcke nehmen..."
„Knecht Ruprecht! Wirst du dich wohl
schämen!
Viele Menschen – viele Freude!
Wir werden es schon schaffen heute."

Niklaus schaut – wie jedes Jahr –
zufrieden auf die Engelschar.
Die tragen schwer an Riesensäcken,
das Himmelszelt sie fast bedecken.
Auch Ruprecht blickt nun in die Rund'
und öffnet nochmals seinen Mund:
„Ach Chef, schau dir die Päckchen an
kaum noch Plätzchen, Marzipan!
Nur noch Filme, Pornofibeln...
Siehst du noch Bücher, Kreuze, Bibeln?
Ich seh's doch wirklich nicht verkehrt:
Die Menschen sind uns nicht mehr wert!"
Der alte Bischof lächelt milde:
„Was führst du, Ruprecht, heut im Schilde?
Es ist dir doch stets unbenommen –
Du hättest heut auch frei bekommen!

Ich kenn dich doch...", der Bischof lacht –
„du freust dich doch auf diese Nacht.
So wie die Kinder jetzt zuhaus' –
Sie warten auf den Nikolaus!
Der Wille ist dem Mensch gegeben,
mal gut, mal bös', so sind sie eben.
Deshalb sind sie nicht wirklich schlecht.
Und wär' auch einer nur gerecht,
denk an den Herrn und seine Weise:
Dann lohnt sich unsre lange Reise!"

Die Engel müssen sich nun eilen.
Es gilt, Geschenke zu verteilen.
Und wieder klappt – wie jedes Jahr –
die Nachtarbeit ganz wunderbar.
Es wird gefüllt heut Nacht im Nu,
den Kindern der bereite Schuh.
Dem großen Kinde, das dran glaubt,
der Bischof hat es gern erlaubt,
wird auch ein Päckchen mitgebracht!
Sankt Nikolaus hat's gern gemacht!
Denk nur nicht, zu dir kommt er nicht...
Für dich ist schließlich dies Gedicht,
vom Nikolaus und seinem Knechte!
Vielleicht bist du ja der (die) Gerechte ??

Wenn auf Erden
die Liebe herrschte,
wären alle Gesetze
entbehrlich.
(Aristoteles)

Fiat

Lux ...

(Es werde Licht)

Weihnachten

oder

ein etwas anderes

Weihnachtsgedicht

Ein Stern am Himmel, hell und klar
erscheint uns stets, wie sonderbar,
immer dann in der Geschichte
wenn Helden, Größen, Bösewichte
das Licht der schnöden Welt erblicken!
Kurz – aus dem Mutterleib sich drücken!
Bei jedem großen Pharao
und Alexander ebenso,
bei Caesar und bei Karl dem Großen
werden wir auf Sterne stoßen!
Konjugationen und Kometen
verweisen auf Supergeneten.
Immer strahlen Sterne hell,
oder an ungewohnter Stell'!
Dann ruft das Schicksal unverfroren:
„Heut ist uns ein Genie geboren!"

Der bekannteste der Sterne,
Weihnachten hörts jeder gerne,
ist der Stern von Bethlehem.
Er strahlte damals, wie genehm,
über jenem kleinen Stall.
Laut Lukas sah man überall
das Leuchten auf des Stalles Giebel!
Genau so steht es in der Bibel:
„Du Bethlehem bist auserkoren.
Dir wird der Herr der Welt geboren!
Denn du bist wahrlich nicht gering..."
Nach David nun das nächste Ding!
Lukas spricht von Engelsingen
(zu glauben kann man niemand zwingen)
Ein Säugling – auch wenn er geweiht,
singt wohl kaum. Nein, nein, er schreit!

Folgen wir, wie alle Christen,
Lukas – unsrem Evangelisten:
In Bethlehem war es wohl Nacht
Als Jesus ward zur Welt gebracht.
Ein Zweifel sei hier jedem fern,
denn schließlich strahlte ja ein Stern!
Der Knabe wurde erstgeboren.
Maria war doch auserkoren,
als Jungfrau unsren Herrn zu tragen.
(Ihr sollt glauben – und nicht fragen)
Nach der Geburt in Josephs Sippe,
kam das Kind in eine Krippe.
Nebst Josef schauten sonst noch zu:
Ein Grautier und ne braune Kuh!

Ochs und Esel, wie fatal,
sind wohl nicht ganz original.
Es klingt zwar schön, speziell für Kinder.
Doch nimmt man Böcke statt der Rinder,
wird man der Wahrheit näher liegen.
Drum: Esel und wahrscheinlich Ziegen!
Ihr denkt: Wär's nur beim Ochs geblieben.
Hat Lukas vielleicht abgeschrieben?
In Kreta war's, in einer Grotte:
Hier wurde einst ein Kind zum Gotte!
Man sagt, dort wäre Zeus geboren
und wär auch sicher dort verloren.
Doch Amalthea, eine Ziege,
wurde für Zeus die Götterwiege!
Ein Schelm sieht Böses überall –
Wir tun's nicht! Zurück zum Stall...

Männer hatten diese Nacht
auf dem Felde zugebracht.
Die Hirten – die bei ihren Schafen
am Feuer wachen - oder schlafen…
Ein Engel muss die Männer wecken,
die nun wahrlich arg erschrecken:
„Habt keine Angst, ihr braven Leute!
Hört, es wurd geboren heute
der Erlöser, wie versprochen!
Drum rasch – und aus dem Fell gekrochen!
Seht am Himmel dort – den Stern.
Kommt mit zum Stall, ich führ euch gern."
Die Hirten folgten seinem Rat,
heut' sagt man wohl „Proletariat".
Denn grad für sie kam er zur Welt:
Die Armen, ohne Recht und Geld!

So waren denn die ersten Gucker
ausgesprochen arme Schlucker!
Das Kind – es war für alle da,
es blieb auch so, bis Golgatha!
Den Stern, Lukas spricht gern davon,
man sah ihn auch in Babylon.
Es machten sich von dort auf Reisen
drei Männer, die man nennt die Weisen.
Am Euphrat sie in Büchern forschten
und konsequent dem Wort gehorchten.
Isaja war stets unbequem,
doch wies er hin auf Bethlehem!
Die Wahrheit wurde offenbar:
Caspar, Melchior, Balthasar!
Dem neuen Herrn Respekt gezollt:
Sie brachten Weihrauch, Myrre, Gold.

Seit jener Nacht im Ziegenstall
gibt's Weihnachten allüberall.
Das Weihnachtsfest brächt uns Gewinn,
lebten wir nach seinem Sinn!
Jesu Botschaft war so klar:
„Habt Weihnachten das ganze Jahr!
Verzicht auf Rachsucht, Hass und Hiebe...
Schenkt euch Vergebung, Eintracht, Liebe...
Wenn Zwietracht unvermeidlich scheint:
Dann seht den Menschen – nicht den Feind!
Teilt was ihr habt und gebt mit Freuden,
statt euren Reichtum zu vergeuden.
Auf dieser Welt gibt es nichts Gutes,
wenn ihr nicht wollt! Es sei – ihr tut es!"
Am Fest an diese Botschaft denken,
dann wissen wir, warum wir schenken!

Dies ist zur Weihnacht mein Gedicht.
Lest ihr's oder lest ihr's nicht?
Es sollte euch das Christkind bringen,
wie wär es schön, könnt es gelingen...
Die Story von dem kleinen Jungen
ist dem Lukas gut gelungen.
Sie ist ansonsten nicht belegt,
doch hat sie uns're Welt bewegt!
Für mich der schönste Bibelteil –
was Lukas schrieb, ist wirklich geil!
Glaubt einfach, was er uns berichtet!
Ich hab's ein wenig umgedichtet...
Freut euch, wie es die Hirten machten!
Dann habt ihr frohe Weihnachten...

**Die Summe
unseres Lebens
sind die Stunden,
in denen wir Liebe gaben.**
(Wilhelm Busch)

Der

Advents –

Kalender

(natürlich auch ein wenig anders...)

1.   Dezember

Advent bedeutet – Warten!
Lateinisch wie der Kult.
Sich selber zu betrachten
und fassen in Geduld.
Wartezeit ist Leben,
dem Ziel entgegen gehen.
Ist Reden und vergeben,
ist Hören und Verstehen!

2.　Dezember

Gleiche unter Gleichen,
das Ideal der Welt!
Doch dazu müsste weichen
die Gier nach Macht und Geld!
Schon brennen erste Kerzen
wie Lichter in der Nacht.
Wann brennen endlich Herzen –
wird nicht nur falsch gedacht...?

3.   Dezember

Macht hoch die Tür, die Tor macht weit!
So singen alle Christen.
Doch wer von uns ist schon bereit,
auf Türen zu verzichten?
So reißt die Riegel endlich weg,
ob Muslims, Christen, Juden!
Das Schiff der Menschheit, es ist leck!
Wir müssen uns nun sputen!

4. Dezember

Ein Kirschenzweig, jetzt im Advent
gestellt ins warme Zimmer,
ein Brauch den keiner mehr heut kennt,
die Blüten blühen immer
zur Weihnachtszeit, zur Heil'gen Nacht.
Es scheint, dem Fest zum Jubel!
Ein Wink – von der Natur gemacht,
trotzt Künstlichkeit und Trubel...

5. Dezember

Der Himmel hat dir einen Engel gesandt,
wo du auch bist kannst du's spüren.
Und dieser Engel hält dich bei der Hand,
um dich durchs Leben zu führen.
Der Engel hat dir seine Liebe gebracht,
er hält dir im Dunkel das Licht.
Und flüstert: „Die Welt ist für dich gemacht,
drum vorwärts – und fürchte dich nicht!"

6.   Dezember

In Washington und in Den Haag
ist heut' der Tag der Tage:
Den Santa Claas dort jeder mag
und keiner stellt in Frage
den Bischof aus Kleinasien,
der beschenkt die Kleinen,
mit Süßem und mit Fantasien
und mit andrem Feinen!

7. Dezember

Die Fichte dort am Waldessaum,
sie nadelte einst schaurig.
Es langte nicht zum Weihnachtsbaum,
das Bäumchen war so traurig!
Und Gott auf seinem höchsten Thron,
er half seinem Geschöpfe:
Bog gerade erst des Baumes Kron'
und flocht der Fichte Zöpfe!
Der Baum reckt sich zum Lob empor,
des Herrn, der ewig herrsche!
Bringt runde Zapfen nun hervor
und nennt sich stolz – die Lärche!

8. Dezember

Einst ging der Engel Gabriel
in Marias Anger.
„Ich bring vom Herrn Dir den Befehl:
Ab morgen bist du schwanger!"
„Wie das? Ich war stets tugendhaft
und bin die Magd des Herrn.
Ich hab' noch meine Jungfernschaft,
doch ich gehorche gern!"
Der Engel hob sein goldenes Haupt:
„Das ist doch kein Verhängnis!
Wichtig ist, das jeder glaubt,
dann kommt's auch zur Empfängnis!"

9.   Dezember

Die zweite Kerze brennt nun schon
mit mattem, weichen Schimmer.
Lass deine Finger schön davon, sonst brennt
das ganze Zimmer!
Advent – das ist die Wartezeit,
global und auch nur örtlich.
Die Feuerwehr ist stets bereit,
sie nimmt das Warten wörtlich!
Der Kerzenschein – auch noch so klein
ist immerhin ein Feuer.
Drum lasst die Kerzen nie allein,
sonst wird es vielleicht teuer.

10. Dezember

Hab' Liebe im Herzen und Plätzchen im Bauch,
dies ist im Advent ein uralter Brauch!
Mit Mehl und mit Butter, mit Zucker und
Zimt –
so wird jede Seele heiter gestimmt.
In Andacht zu warten – so sehr wir auch
wollen,
es fällt einfach leichter mit Zimtstern und
Stollen!
Und hätte Maria Makronen gemacht,
sie hätte das Christkind zur Welt gebracht
daheim in der Küche. Auf jeden Fall
am heimischen Herd! Bestimmt nicht im Stall!
Statt Krippchen stellten wir Marzipanküsse
unter den Baum – oder Pfeffernüsse...

11. Dezember

Im kalten Advent heißt stets die Devise:
Leg ab alle Hektik, vergiss deine Krise!
Bedenke allein und bei Kerzenlicht,
den Sinn deines Lebens – und nicht nur die
Pflicht.
Verstand und Gefühl sind oft auseinander,
sie zerren und dehnen dich wie den Expander!
Es hilft – hören wir Augustinus zu:
„Liebe den Nächsten – und sei einfach Du!"
Bereiten Erwartung und Pflicht Deine
Schmerzen,
dann breche damit – und gehorch' Deinem
Herzen!

12. Dezember

Beim Junkie ist's der geile Joint,
beim Kaufmann der ‚break-even-point'!
Beherrscht das Denken, jeden Sinn:
Mal „Profit" heißt es, mal „Gewinn"!
Halbzeit schon beim Weihnachtstanz,
so mancher zieht ne Teilbilanz.
Die Kassen süßer niemals klingen,
des Kaufmanns Herz zum Hüpfen bringen...
Kommerz und Glaube sind nun wieder
die weihnachtlichen „Zweckbund-Brüder"!

13. Dezember

Elf Tage nur noch bleiben Rest,
nur wenig Zeit noch bis zum Fest.
Doch Zeit genug sich zu bedenken
und sich nicht länger zu verrenken!
Denn Zeit ist für den Menschen da;
wir drehen's um, wie sonderbar!
Man „nimmt" sich Zeit – ganz unverhohlen,
gar mancher hat sich Zeit „gestohlen"...
Denkt endlich nach – und sagt mit Recht:
‚Ich bin der Herr – die Zeit ist Knecht!'

14. Dezember

Ein weihnachtliches Klingen
durchtönt das ganze Haus.
Nein, kein Familiensingen!
Es geht vom Fernsehen aus.
Was einst die Kinderchöre,
das bringt uns Sony jetzt:
Wir klotzen in die Röhre,
Dolby-surround, das fetzt!
Um jeden Satz, um jedes Wort
muss die Familie ringen.
Adventstimmung an diesem Ort
kann da wohl kaum gelingen...

15. Dezember

Als Jesus einst in Latschen
noch lief durch uns're Welt,
verteilte er oft Watschen,
an Menschen mit viel Geld!
„Neidfaktor" nennt es heute
der wohlbetuchte Mann...
ob Jesus solche Leute
wohl je verstehen kann?
„Gebe hin und teile!"
Schenk diesem Wort Gehör.
Nur dann gehst du mit Weile
durch jenes Nadelöhr!

16. Dezember

Die dritte Kerze ist entzündet,
erinnert uns an Kinderjahr'.
Ganz tief in unsrem Herz begründet
ist Weihnachtszeit, wie wunderbar.
Es steigen die Erinnerungen
aus tiefer Seele in uns auf.
Wär' dies das ganze Jahr gelungen,
wären wir wohl besser drauf!
Gäb's Menschlichkeit zu jeder Stunde-
denn dazu sind wir auserkoren –
Wahrhaftigkeit aus unsrem Munde,
dann wär' er nicht umsonst geboren...

17. Dezember

Der Himmel rot – des Berges Zacken
versinkt im roten Glühen.
Dann wissen wir, die Engel backen
nun Plätzchen, mit viel Mühen!
Sie singen dabei manches Lied
in hellen Engelschören.
Und wenn du glaubst, was dort geschieht,
dann kannst du sie auch hören!
Verschütten sie dabei – oh weh –
das Mehl am Himmelstisch,
dann fällt bei uns zuhaus' der Schnee
und Kinder freuen sich!

18. Dezember

Vater unser sieh herab,
betrachte dir den Schaden!
Das Gletschereis nimmt stetig ab,
wir haben aufgeladen
auf uns're Schultern große Schuld
und drohen zu versinken.
Lässt du, am Ende der Geduld,
uns massenhaft ertrinken?
„Macht euch die Erde untertan!"
Gabst sie in uns're Hände...
Wir Menschen nahmen's wörtlich dann
und nun sind wir am Ende!

19. Dezember

Wenn Mandeln duften, Glühwein fließt
und es vom Himmel kräftig gießt,
wenn Sterne strahlen, Lieder klingen
und nasse Füße heimwärts zwingen...
Ist Rush hour bei Dunkelheit:
Ja, dann ist wieder Weihnachtszeit!
Dann essen Spanier Reibekuchen,
Japaner Christbaumkugeln suchen.
Aus China kommt der Räuchermann,
der Nussknacker gleich nebendran
kommt aus Korea – wie banal!
Das Christkind kauft halt auch global...

20. Dezember

Vier Türen noch – dann ist vollendet
der Weg zum Stall in Bethlehem.
Das Wort, das einst von hier gesendet
ist schlicht und einfach. Doch bequem
sind wir und träge längst geworden.
Voll Schauder lesen wir Gazetten
von bösen Müttern, die da morden!
Statt anzupacken und zu retten –
mit Geld und Taten, gutem Rat
den Müttern helfen in der Not –
wird laut gerufen nach dem Staat!
Weihnacht lebt! Das Wort ist tot...

21. Dezember

Nun wird es aber wirklich Zeit:
Es sind nur noch drei Tage!
Noch hast du die Gelegenheit,
stell noch einmal die Frage:
„Hab ich wirklich nichts vergessen
für Mama, Papa, Bruderherz?
Hab ich auch genug zum Essen?
Sonst gibt's am Heiligabend Terz!
Drum Marsch – und schnellstens hin zur Bank,
das ganze Konto räumen!
Die Volkswirtschaft, sie sagt dir Dank.
Nur keinen Kauf versäumen...

22. Dezember

Stellt euch mal vor, der Josef wär'
im Saargebiet geboren.
Dann hätten wir, s'ist keine Mär,
das Christkind wohl verloren!
Im Krankenhaus, hört her und lauscht
und glaubt, was ich euch sage:
Das Christkind wär' dort längst vertauscht!
Ade, ihr Feiertage...
Doch Gott sei Dank war's ja der Stall
und nicht Klinik Saarbrücken.
Drum Weihnachtsfreude überall!
Gibt's etwa Wissenslücken??

23. Dezember

Jetzt ist vorbei das Raten, Prahlen:
Es liegen vor die Umsatzzahlen!
Was hat uns Weihnachten gebracht?
Wie voll die Kassen wohl gemacht?
Na gut, man hatte ja auch Kosten:
Personal und andre Posten...
Doch hat man vorher, gar nicht blöd,
die Verkaufspreise leicht erhöht.
Denn schließlich will, nach all dem Raufen,
man sich nen neuen Daimler kaufen!
Entlassungen bringen den Rest...
Weihnacht ist schön – drum frohes Fest!

24. Dezember

Es ist fast wir ein böser Traum:
Vergessen ist der Weihnachtsbaum!
Drum mit der Axt – es ist zwar kalt –
so schnell wie möglich in den Wald!
Es reicht noch für ne krumme Kiefer
(die Tanne voriges Jahr war schiefer).
Den Baum noch in den Ständer drücken,
am Nachmittag beginnt das Schmücken.
Derweil die Gans schnell in die Röhre
...im Hintergrund die Fischer-Chöre!
Was Christenmenschen heute frommt:

Es ist soweit – das Christkind kommt !!!

Sic ignis non refert, quam magnus, sed quo incidat

(Beim Feuer spielt es keine Rolle,
wie groß es ist, sondern wohin es fällt)

Die

letzte

Alternative

Mancher Leser greift zum Buche
und macht sich lesend auf die Suche
nach Wahrheit und nach andren Werten.
Man muss sich bilden ja auf Erden!
Ein Andrer wieder tut dies nicht;
Er kauft die Bücher nach Gewicht.
Die dann, nach kurzem Möbel rücken,
im Regal das Zimmer schmücken.
Dieses Buch, so ist die Lage,
kommt für beides nicht in Frage.
Sein Inhalt wird die Stimmung heben –
der Leser sollte es erleben...
Wenn's nicht gelingt, was für ein Schrecken,
benutzt's zu ,hinterrücksen' Zwecken!